Inhalt

Mikromarketing

Kernthesen

Beitrag

Fallbeispiele

Weiterführende Literatur

Impressum

Mikromarketing

E.Krug

Kernthesen

- Mikromarketing gewinnt in der Branche immer mehr an Bedeutung, nicht zuletzt deshalb, weil sowohl die Industrie als auch der Handel, die Nähe zum Konsumenten suchen. (1), (2)
- Lokale und regionale Medien sind für Mikromarketing-Aktivitäten mittlerweile unumgänglich. Allerdings erweisen sie sich häufig als Problemfälle. (1), (3)
- Im Zeichen von Mikromarketing entwickelt sich die Außenwerbung immer mehr zum Zielgruppenmedium. (4)

Beitrag

Es handelt sich bei Mikromarketing um die Aussteuerung von Marketingaktivitäten bis hinunter in die kleinsten Einheiten. Kernbegriffe sind hier z.B. Zielgruppenanalyse und regionale lokale Marktbearbeitung. (1), (5), (6)
Ein gezieltes Mikromarketing geht weit darüber hinaus, die in den Unternehmen vorhandenen Kundendaten bei den Aktivitäten zu berücksichtigen, denn präzise Aussagen können erst getroffen werden, wenn zusätzlich Datenmaterial von Marktforschern, Direktwerbern, Databrokern und Statistikämter hinzugezogen werden. So werden festgelegte geographische Einheiten (z.B. Straßenzüge, Stadtteile) sowohl mit soziodemographischen Informationen, Sinus-Milieus als auch Handels- und Geomarktdaten verknüpft. Marketingexperten können somit z.B. ihren Kunden demonstrieren in welcher Region welcher Zielgruppenanteil wie hoch ist. (7), (8)

Welche Vorteile verbergen sich hinter Mikromarketing?

Je enger eine Zielgruppe definiert ist, desto sinnvoller erweist sich der Einsatz von Mikromarketing, da eine Kampagne wenig Streuverluste und viel Abverkauf zum Ziel hat. (1), (8)
Erfolg versprechend erweist sich Mikromarketing,

wenn Kunden ihre Zielgruppenpotenziale besser ausschöpfen wollen, nationale Kampagnen genauer ausgesteuert und auf lokaler Ebene Streuverluste reduziert werden sollen. Zudem ist natürlich durch Kundenstrukturanalysen und Standortdaten eine detailliertere Planung möglich. Darüber hinaus geht es beim Mikromarketing nicht nur um Zahlenmaterial, sondern auch darum, Marken an die Konsumenten heranzuführen und deren Image zu fördern. Flächendeckende Imagewerbung allein ist nicht mehr ausreichend und deshalb setzen bereits viele Unternehmen auch auf regionale Kampagnen mit lokalen Werbeträgern. Die regionalen Medien sind den Verbrauchern an Ort und Stelle vertrauter und deshalb deutlich von Vorteil.

Da zurzeit die direkte Kundenansprache überaus wichtig ist, bieten die Mikromärkte eine sehr gute Basis. (1), (2), (5), (8)

Wo liegen die Kritikpunkte?

Obwohl die positiven Aspekte von Mikromarketing sowohl für die Agenturen als auch für die Unternehmen offensichtlich sind, kann man nicht davon ausgehen, dass bereits jede Agentur auf die Anforderungen derartiger Kampagnen vorbereitet ist. In den Jahren, in denen Marketingbudgets kein

Problem waren, waren Marketingstrategien bezogen auf die kleinsten Einheiten äußerst selten. Man konzentrierte sich auf das TV-Geschäft und groß angelegte überregionale Kampagnen. Heute sucht man die Nähe zum Kunden und die Planung in den kleinsten Einheiten ist sehr mühsam und kniffelig. Gebiete, Auflagen oder Kosten lassen sich zwar relativ schnell ermitteln, den passenden Werbeträger zu finden ist weitaus schwieriger. Viele Experten sehen Lokalfunk, Anzeigenblätter und abonnierte Zeitungen als Problemfälle. Bei den Tageszeitungen z.B. sinkt die Abdeckung der einzelnen Haushalte, ganz zu schweigen davon, dass sie immer weniger junge Leser erreichen. Dennoch sind die Verlage meist uneinsichtig und halten an ihrer teilweise sogar sehr ungenierten Preispolitik fest. Außerdem stoßen Agenturen nicht selten auf Widerstand von Seiten der Verlage, da für diese Mikromarketing immer noch ein Fremdwort ist. (1), (9)
Andere Grenzen in diesem Bereich werden z.B. durch die Zielgruppen gesetzt, über die es nur wenige Daten gibt oder die im Endeffekt wirklich zu klein sind. (8)

Welche Rolle spielt Mikromarketing für die Außenwerbung?

Die problematische Situation, in der sich lokale und regionale Medien, wie Zeitungen, Lokalfunk etc. momentan befinden, ist nicht von der Hand zu weisen. Die Außenwerbung als spezielles regionales Medium dagegen lässt zurzeit einen positiven Trend erkennen und kommt am Mikromarketing nicht vorbei. Allerdings sind die Außenwerber in diesem Bereich bis heute noch etwas zurückhaltend. Es scheint ihnen noch nicht ganz klar zu sein, welche Vorteile sich für Out-of-Home-Kampagnen durch gezieltes Mikromarketing ergeben. Das Werbegebiet lässt sich mit Hilfe von mikrogeographischen Daten über Infrastruktur und Wohnbevölkerung sehr gut auf eine bestimmte Verbrauchergruppe zuschneiden und somit die Effizienz von z.B. Plakatwerbung deutlich erhöhen. Eine Analyse der regionalen Verteilung einer Zielgruppe ist sinnvoll, da es durchaus möglich ist, dass in einer kleiner Stadt, einem kleinerem Stadtteil etc., die bei bestimmten Kampagnen aufgrund der geringen Größe gar nicht berücksichtigt werden würden, die ausgewählte Konsumentengruppe überproportional vertreten ist. Regionale Kunden, die verstärkt Außenwerbung als Basismedium einsetzen, profitieren sehr von dem Mikromarketing-know-how der Anbieter. (1), (2), (5), (8)

Fallbeispiele

Agenturen, die Mikromarketing praktizieren

Contrast (Spezialagentur für Out-of-Home-Medien)Sitz: Bergisch Gladbach
Gesamtumsatz 2003: 100 Millionen Euro (Umsatzplus von 15 Prozent)
Speist die Mikromarketing-Datenbank aus eigenen und fremden Quellen.
Fremde Lieferanten sind u.a.: GfK (Nürnberg), AZ Bertelsmann (Gütersloh), Consodata (Planegg), Schober Lifestyle (Ditzingen), Claritas (Neu-Isenburg), Kraftfahrzeug-Bundesamt. (8), (11)

M.A.I.S.
Wurde 1998 von der It-Works-Gruppe als eigenes Mikromarketing-Unternehmen gegründet.
Bietet Mikromarketing über die Außenwerbung hinaus auch für alle regional und lokal planbaren Medien wie Beilagen, Haushaltswerbung oder Mobile Marketing an.
Verfügt über eine große Anzahl von Forschungs- Planungs- und Einkaufstools mit dem Ziel, die Außenwerbemedien transparenter zu machen. (8),

(11)

Beispiele für angewandtes Mikromarketing

Häagen-Dazs (General Mills, Hamburg)
Universal McCann (Hamburg) plante die Kampagne, in der die Eiscrememarke mit Plakaten und Kinospots beworben und mikrogeographisch selektiert wurde.
Die Zielgruppe: 18 bis 34 Jahre, statusorientiert, obere Mittelschicht, etablierte Oberklasse und Studenten
Das Kampagnengebiet: Sechs deutsche Großstädte und Wien
Durchgeführt wurde die Analyse vom Spezialmittler Jost von Brandis auf der Basis von 480 vom Unternehmen vorgegebenen Postleitzahlenbezirken. Daraus wurden 265 Bezirke mit großer Nähe zu Verkaufsstellen ausgewählt.
Ziel der Aktion: Erreichen der Kernzielgruppe mit möglichst geringem Streuverlust (8)

Snowboarder als Beispiel für eine bestimmte Zielgruppe, die mit dem zielgruppenadäquaten Mediamix angesprochen wird
Kriterien nach der die Zielgruppe eingegrenzt wird: Alter, Beruf, Freizeitaktivitäten und Mediennutzung

im Tagesverlauf
Zudem erfolgt eine räumliche Eingrenzung, die Auskunft darüber gibt, in welchen Bundesländern Snowboarder angetroffen werden
Alter, Beruf, Aktivitäten sind Punkte auf dem weiteren zielgruppengerechten Weg der werblichen Ansprache. So bieten sich zusätzlich zum Plakat Ambient-Media-Aktivitäten und Verkehrsmittelwerbung an. Außerdem lässt sich die Kampagne dann auch in die Skigebiete verlängern. (8)

Weiterführende Literatur

(1) Aussteuerung bis in kleinste Einheiten
aus HORIZONT 26 vom 24.06.2004 Seite 042

(2) National oder regional - ist fast schon egal
aus HORIZONT 26 vom 24.06.2004 Seite 060

(3) Kassensturz am Abend
aus werben & verkaufen Nr. 25 vom 18.06.2004 Seite 066

(4) Plakate leben vom großen Auftritt
aus HORIZONT 19 vom 06.05.2004 Seite 042

(5) Posterscope "Medium mit stärkster Innovationskraft"
aus Der Kontakter Nr. 16 vom 13.04.2004 Seite 034

(6) Kundenbindung: Von heute auf morgen geschieht

sie nicht
aus TextilWirtschaft 23 vom 03.06.2004 Seite 036

(7) Trumpfkarte im Ärmel
aus HORIZONT 19 vom 06.05.2004 Seite 055

(8) Schatzkarten für Werber
aus werben & verkaufen Nr. 25 vom 18.06.2004 Seite 084

(9) Schöner bohren
aus werben & verkaufen Nr. 14 vom 02.04.2004 Seite 090

(10) Best Ager lassen die Kassen klingeln
aus HORIZONT 11 vom 11.03.2004 Seite 068

(11) Ohne Spezialmittler läuft nicht viel
aus HORIZONT 18 vom 29.04.2004 Seite 066

Impressum

Mikromarketing

Bibliografische Information der deutschen Nationalbibliothek

Die Deutsche Nationalbibliothek verzeichnet diese Publikation in der deutschen Nationalbibliografie; detaillierte bibliografische Daten sind im Internet über http://dnb.d-nb.de abrufbar.

ISBN: 978-3-7379-0705-7

© 2015 GBI-Genios Deutsche Wirtschaftsdatenbank GmbH, Freischützstraße 96, 81927 München, www.genios.de

Alle Rechte vorbehalten. Dieses Werk ist einschließlich aller seiner Teile – z.B. Texte, Tabellen und Grafiken - urheberrechtlich geschützt. Jede Verwertung außerhalb der Grenzen des Urheberrechtsgesetzes bedarf der vorherigen Zustimmung des Verlags. Dies gilt insbesondere auch für auszugsweise Nachdrucke, fotomechanische Vervielfältigungen (Fotokopie/Mikroskopie), Übersetzungen, Auswertungen durch Datenbanken oder ähnliche Einrichtungen und die Einspeicherung und Verarbeitung in elektronischen Systemen.